Engel und Devas

Eine Zusammenstellung aus Büchern von
TORKOM SARAYDARIAN

T.S.G. Publishing Foundation, Inc.

Titel der Originalausgabe »Angels and Devas – A Compilation«
von Torkom Saraydarian

Copyright © 2001 The Creative Trust
T.S.G. Publishing Foundation, Inc.
Post Office Box 7068
Cave Creek, Arizona 85327-7068
United States of America
www.tsg-publishing.com

Alle Rechte, insbesondere das Recht der Vervielfältigung und Verbreitung sowie der Übersetzung sind vorbehalten. Kein Teil des Werkes darf in irgendeiner Form ohne schriftlicher Genehmigung des Inhabers der Urheberrechte reproduziert oder unter Verwendung elektronischer Systeme gespeichert, verarbeitet, vervielfältigt oder verbreitet werden.

ISBN 978-3-7386-5563-6

Titel der deutschen Ausgabe »Engel und Devas«
von Torkom Saraydarian

Copyright für die deutsche Ausgabe:
© 2015 - BOB BewusstseinsOrientierteBücher -
GbR Ursula Grossmann, Daniela Mohr,
Susanne Herzer, Thomas Herzer
Rappengasse 21
67365 Schwegenheim
Tel: +49 (0)6344-8622
E-Mail: info@bob-shop.online
www.bob-shop.online

Deutsche Übersetzung aus dem Amerikanischen: Monika Newiger-Yumerov

Textredaktion: Constanze Bretthauer

Titelbild: Constanze Bretthauer

Grafische Gestaltung: Janina Röhrig

Herstellung und Verlag: BoD - Books on Demand, Norderstedt

Anmerkung:
Die Übungen in diesem Buch sollten als Richtlinien betrachtet werden.
Nutzt sie mit Besonnenheit und unter professioneller Anleitung.

Diese Zusammenstellung ist ein Reprint mit der Erlaubnis des Inhabers der Urheberrechte folgender Bücher:
The Ageless Wisdom, Seite 115, 157 / Challenge for Discipleship, Seite 61, 326, 464-465 /
The Flame of the Heart, Seite 206 / Joy and Healing, Seite 108 / New Dimensions in Healing, Seite 6, 543-562, 563-566 /
Other Worlds, Seite 55 / The Psyche and Psychism, Seite 87, 725 / Spring of Prosperity, Seite 22, 62 /
Talks on Agni, Seite 102, 181-182, 252, 253 / Thought and the Glory of Thinking, Seite 284

> Bibliografische Information der Deutschen Bibliothek: Die Deutsche Bibliothek verzeichnet diese Publikation in der Deutschen Nationalbibliografie; detaillierte Bibliographische Daten sind im Internet über <http://dnb.ddb.de> abrufbar.

Engel und Devas

Psychische oder seelische Energie wird von Engeln übertragen. Sie sind kraftvolle Überträger oder sogar Quellen psychischer Energie. Wenn eine Person mit psychischer Energie aufgeladen ist, wird sie zu einer Quelle kreativer, heilender und erleuchtender Energie.

Das Leben schreitet von Stadium zu Stadium fort, in dem es immer kompliziertere Formen bildet. Die Evolution vollzieht sich in vielen Leben. Nicht alle Entwicklungen liegen auf einem direkten Weg. Es gibt die menschliche Evolution, die Deva-Evolution und es gibt andere Evolutionen, die sich später vereinen.

Auf der niedrigsten Stufe der Devaischen oder engelhaften Entwicklung sind die Elementale oder Naturgeister begründet, die auf dem Pfad der Involution beginnen und dann den Weg der Evolution betreten. Folglich befinden sich Elementale im involutionären Zyklus und bilden aus ihrer Substanz unseren physischen, emotionalen und mentalen Körper.

In dem sie Zeitalter für Zeitalter im physischen, astralen und mentalen Körpern gebraucht werden, entwickeln Elementale ein elementales Bewusstsein und ihre Entwicklung beginnt.

Zeitalter später individualisieren sich diese Elementale und gehen in die Form von Naturgeistern über, als Kobolde, Elfen, Gnome, Mannikins, Undinen, Meergeister und schließlich Feen.

Nachdem sie die Stufe von Feen erreicht haben, entwickeln sie sich zu Sylphen, dann zu Devas oder Engeln.

Engel oder Devas sind in zwei Bereiche geteilt: Niedere und höhere Engel. Niedere Engel handeln auf der niederen, mentalen Sphäre. Höhere Engel handeln auf abstrakten Ebenen der mentalen Sphäre. Sylphen arbeiten auf der astralen Ebene. Nach dem die Engel die Entwicklung in den höheren, mentalen Ebenen abgeschlossen haben, verlaufen die engelhafte und menschliche Evolution parallel, bis sie die Ebene von »Chohans«, die Ebene der sechsten Initiation erreichen, wo beide Entwicklungen verschmelzen.

Naturgeister leben in der Erde, im Wasser, in der Luft und im Feuer. Sie haben nur ein Element in ihrer Natur: Sie sind Erd-, Wasser-, Luft- oder Feuerverbunden. Naturgeister identifizieren sich selbst mit der Erde, mit Blumen und Bäumen, mit Seen und Flüssen, mit den Wolken oder mit dem Feuer. Manchmal beseelen sie diese Formen. Sie sind harmlos, aber sie wollen nicht von den Menschen kontrolliert werden.

Naturgeister ekeln sich vor der Verschmutzung der Erde, des Wassers und der Luft. Zu Tausenden verlassen sie die Gegenden, die von menschlicher Ignoranz verschmutzt werden. Sie hassen es zu sehen, wie Bäume, Büsche und Blumen geschnitten werden. Sie hassen es zu sehen, wie Radioaktivität die Erde verseucht. Sie hassen es, Chemikalien in den Gewässern der Erde zu sehen. Sie haben ihre eigenen Gebiete und sie denken, dass die Menschen kein Recht haben, die Natur zu zerstören. Wenn sie einen Ort verlassen, treffen Naturkatastrophen diesen Ort.

Elementale und Menschen

*D*er Mensch hat vier Elemente in seiner Natur: Erde, Wasser, Luft und Feuer. Wenn alle Elemente in Harmonie und hoch entwickelt sind, wird dieser Mensch vier Arten von Devas anziehen, und er wird in allen Feldern der vier Elemente erfolgreich sein. Aber gewöhnlich dominiert eines dieser Elemente und der Mensch wird sich mit dem Bereich, welchen dieses

Element repräsentiert, beschäftigen müssen. Wenn der Mensch »Erdverbunden« ist, wird ihm von diesen Elementalen geholfen, um Wohlstand, Geld etc. zu erlangen. Wenn das Wasserelement dominiert, werden ihm Wasserelementale helfen, und er wird sich mehr mit dem emotionalen Feld beschäftigen. Wenn das Element Luft überwiegt, werden ihm Luftelementargeister helfen, sein geistiges Wissen zu steigern. Wenn das Feuer dominiert, wird ihm von Feuerelementalen bei kreativen Arbeiten und seelischen Tugenden geholfen. Ernährung, Wasser, verschiedene Emotionen, Gedanken und Tugenden oder Schwächen steigern oder senken die in unserem Körper existierenden Elemente.

Ebenfalls wird bemerkt, dass diese Elemente sich in uns verändern, wenn wir mit verschiedenen Personen in Beziehung treten. Bestimmte Personen entziehen oder geben uns Energie.

Devas sind »höher« anzusiedeln als Naturgeister, und sie befinden sich auf anderen Ebenen. Es gibt Devas, die auf der niederen, mentalen Ebene leben und solche, die sich auf der höheren, mentalen Sphäre befinden, und solche, die auf höheren, astralen Ebenen existieren. Uns ist gesagt, dass ihre Sprache Farbe und Musik ist. Diejenigen menschlichen Seelen, die sich auf die niedere, mentale Ebene einstellen oder dort hinaufsteigen können, entweder wenn sie schlafen oder wenn sie gestorben sind, können die Gegenwart solcher Devas genießen, besonders ihre Musik und die Farbkombinationen, die sie mit ihren Gedanken erzeugen.

Höhere Devas, oder solche, die auf den höheren, mentalen Ebenen leben, sind weit fortgeschrittene Devas. Menschen, die ihr Bewusstsein auf diese höheren, mentalen Ebenen erheben können, können von diesen scheinenden Seelen »beeindruckt« werden.

Hinter der höheren, mentalen Ebene sind die Engel, die mit den »Meistern der Weisheit« kooperieren, und sie helfen »Ihnen« oft bei ihren Plänen.

Welche Dienste leisten Engel?

1. Sie versorgen Menschen und Tiere mit Nahrung in der Form von Gemüse und Früchten, wenn sie ihnen helfen möchten.

2. Sie beschaffen ätherische, astrale und mentale Nahrung:
    a. Ätherisch-physikalische Nahrung ist Prana, welches sie von der Sonne oder von der Erde auf menschliche Wesen übertragen.
    b. Emotionale Nahrung ist Liebe, Streben, Mitgefühl, Furchtlosigkeit, Kühnheit, Mut etc.
    c. Mentale Nahrung sind Inspirationen, Impressionen, Ideen, Gedanken, neue Entdeckungen.

3. Engel helfen bestimmten Menschen in extrem kritischen Umständen, sie retten sie z. B. vor dem Ertrinken, vor Feuer, Erdbeben und Wirbelstürmen.

4. Sie bringen Menschen auf die richtigen Wege. Sie führen Armeen, wenn die Armeen für Schönheit, Güte und Rechtschaffenheit kämpfen.

5. Sie inspirieren Musiker mit neuen Melodien, Liedern, Symphonien, etc… Manchen Musikern ist es möglich, die Musik der Engel zu hören und aufzunehmen.

6. Sie inspirieren Künstler, teilen ihnen neue Ideen mit und machen es ihnen möglich neue Farben zu sehen.

7. Sie inspirieren Wissenschaftler mit neuen Gesetzen und Entdeckungen durch Intuition und »Impression«.

8. Sie inspirieren in einer Person Schönheit, Güte, Rechtschaffenheit, Freude, Freiheit, Wirtschaftlichkeit und Würde. Eigentlich können sie alle Tugenden in einem Menschen inspirieren, sobald der Mensch seinen wahren Wert erkannt und gezeigt hat.

9. Engel stehen Ländern, Staaten, Städten, Dörfern, Heimen, Familien, Kirchen, Gruppen und Bruderschaften vor, die sich menschlichen und gemeinschaftlichen Angelegenheiten gewidmet haben.

10. Sie überschatten Berge, Seen, Flüsse, Quellen, Ozeane und Wälder.

11. Sie heilen Menschen direkt oder indirekt. Sie korrigieren sogar ihre Energiezentren, Drüsen und Nervensysteme und sorgen für Harmonie und Gesundheit.

12. Sie kommunizieren in Träumen und nehmen die »Vorbereiteten« mit in »subjektive Treffen«, an viele geheiligte Orte oder auch in höhere Ashrams. Manche Engel versorgen oder laden die heiligen Orte der Andacht mit Energie auf und bleiben dort für Tage und Monate, um die Menschen zu inspirieren und zu heilen. Sie laden also Ashrams auf und erleuchten den Geist der Menschen; sie strahlen dort Liebesenergie aus, um sie zu einem lebendigen Ganzen zu vereinen. Auch schützen sie diese Ashrams vor dunklen Attacken.

Was können Menschen für Engel tun?

*E*ngel ernähren sich von den Elementen, die Menschen ihnen anbieten. Menschen können den Engeln helfen, in dem sie die Engel mit folgenden, nährenden Elementen versorgen:

1. Gedanken, ausgedrückt in Musik, Gemälden, Poesie, Schriften, Tänzen, Gesang und Meditation. Sie genießen sehr die »elektrische« Ausstrahlung während individueller Meditation und Gruppenmeditation. Erhabene Gedanken sind also ihr Grundnahrungsmittel.

2. Freude, Liebe und die Ausstrahlung sich frei zu fühlen.

3. Jede gewidmete, geheiligte, heldenhafte Arbeit unterstützt die Engel, denn bei dieser Arbeit strahlen die Menschen bestimmte Elemente aus, die sie nähren. Engel leben unter dem Gesetz von Gerechtigkeit und Dankbarkeit. Was auch immer sie empfangen, sie bieten den Menschen gleichwertige Geschenke in verschiedenen Formen an.

Was die Engel nicht mögen ... ?

*E*ngel mögen die Verschmutzung der Erde, des Wassers, der Luft und des Universums nicht.

Jede Art von Umweltschutz bereitet ihnen extreme Freude.

Sie wollen nicht, dass die Menschen Wälder, Blumen oder Büsche zerstören, denn diese sind ihre eigene kreative Arbeit, die sie allen Lebensformen für ihr Überleben und zur Freude anbieten. Es ist durch Wälder, Bäume, Büsche und Blumen, dass die Energie und der Einfluss der Engel die menschlichen Wesen erreicht, ihre Wunden heilt und in ihrem Herzen neue Visionen einer besseren Zukunft eröffnet.

Engel mögen es nicht, wenn das Wasser verschmutzt ist. Wasserelementale sind die Essenz des Wassers. Verschmutzung lässt sie sich zurückziehen, und das Wasser verliert seine heilende und erfrischende Essenz. Wenn Wasser verschmutzt ist, beeinflußt dies die Erde, die Vegetation und sogar die Luft.

Engel wollen keine Kriege, Uneinigkeit oder Zwiespalt zwischen Nationen, Familien und innerhalb von Familien. Jeder Zwiespalt schafft Störungen in die Welt der Engel. Einheit und Harmonie bereiten ihnen Vergnügen.

Engel mögen Luftverschmutzung nicht. Sie können der Menschheit nicht so leicht helfen, wenn Menschen in Verschmutzung leben. Wenn Devas sich von bestimmten Orten aufgrund von Erd-, Wasser-, und Luftverschmutzung zurückziehen, steigt dort die Kriminalität. Die Menschen verlieren ihre Quelle der Führung und Inspiration und leben ein Leben entgegen der Evolution.

Sie verfallen in Sünde und verlieren langsam den Sinn für Werte und Ausrichtung. Sie verschwenden Zeit, Energie, Körper und Geld und begeben sich freudig auf den Weg der Degeneration und des Wahnsinns. Engel mögen die Verschmutzung des Universums nicht. Durch falsche und kriminelle Gedanken, Hass und Blutvergießen verschmutzen die Menschen das Universum und halten die Strömungen von Licht, Liebe und Führung davon ab, sie zu erreichen. Engel sind nicht gerne in der Nähe von Menschen, deren Absonderungen übelriechend und giftig sind. So ein Zustand entsteht in Menschen aufgrund strittiger Emotionen, Schuldgefühlen, Hass, Böswilligkeit, Verleumdung und Verrat. Reinheit der Aura zieht Engel an. Schlafzimmer mit verschiedensten Gerüchen vertreibt sie.

Deshalb raten orientalische Weise oft in der frischen Luft zu schlafen, wenn diese nicht in Gefahr von Verschmutzung ist. In Gebirgen, Wüsten, Wäldern oder in der Nähe von See- oder Flussufern zu schlafen, gibt höheren Wesen die Möglichkeit näher zu kommen. Schlafzimmer müssen einfach und beinahe leer sein und frei von Gerüchen, verwesenden Materialien und mechanischem Lärm.

Engel werden von Orten abgestoßen an denen Abwasser fließt oder wo sich stehende Gewässer, tote Tiere, Blut, Urin oder Abfall befindet. Sie mögen gut gelüftete Räume, in denen Gestank oder andere Gerüche nicht existieren. Auch mögen sie nicht den Geruch von Fleisch, Gegrilltem oder von verbranntem Essen.

Sie fühlen sich von Verwirrung, Wut und anderen gewalttätigen Emotionen abgestoßen. Einmal, als ich wütend und verwirrt war, sagte meine Großmutter zu mir: »Störe nicht deine unsichtbaren Freunde!«

»Große Chohans« haben Armeen von Engeln um ihnen zu helfen. Diese Armeen sind völlig am Dienst für den »Plan« orientiert, auch studieren sie die »Göttliche Absicht«. Sie kämpfen gegen die Armeen der dunklen Kräfte. Solche Kämpfe sind als »Kriege im Himmel« überliefert. Man hat uns gesagt, dass Christus eine enorme Armee, gebildet aus vielen Graden von Engeln hat. In kritischen Zeiten mobilisiert er diese Armee, um die Menschheit vor den

Attacken der dunklen Kräfte zu beschützen. Engel sind besonders aktiv in Vollmondzeiten, speziell zur Zeit von Widder-, Stier- und Zwillingsvollmonden. Der höchste Moment dieser drei Vollmonde ist das Wesakfest. Zu dieser Zeit tritt die Engelhierarchie mit der spirituellen Hierarchie in Verbindung. Tausende dieser Engel sind an verschiedenen Orten auf der Erde verteilt, um die Energie des Wesakfestes zur Erhöhung der Menschheit zu kanalisieren. Ein großer Weiser schlägt vor, es nicht zu versäumen, das Wesakfest zum richtigen Moment des Stiervollmondes zu beobachten.[1]

Die Kommunikation mit Höheren Welten wird allerdings langsam fortschreitend immer schwieriger, je mehr die moralische Verschmutzung zunimmt. Wie ein Nebel um die Erde, verhindert sie die Kommunikation zwischen den beiden Welten, und betrifft die Menschheit im Allgemeinen so stark, dass eine spätere Klärung dieses moralischen Nebels unmöglich werden könnte.

Dies führt die Menschheit zu Selbstmord oder totaler Zerstörung. Genauso wie Menschen von der Gegenwart anderer Menschen, die voll von Keimen sind, infiziert werden, werden Menschen von den degenerativen Inhalten des moralischen Nebels, der die Erde umgibt, infiziert. Genauso wie die Engel die Verschmutzung von Erde, Wasser, Luft und Universum hassen und sich weiter ins Universum zurückziehen, passiert etwas Ähnliches in einer Person, wenn sie ihren physischen Körper mit Alkohol, Drogen, ungesunden Sexualpraktiken etc. verunreinigt; wenn sie ihren Emotionalkörper mit Hass, Angst, Wut, Habgier, Eifersucht und Rache verschmutzt; und wenn sie ihren mentalen Körper mit Eitelkeiten, Vorurteilen, Separatismus, Stolz und Ego verunreinigt. Unter solchen Umständen zieht sich der »Innere Wächter« zurück, und Dunkelheit senkt sich über den Weg der Person. Engel lieben Ruhe, Gelassenheit, Sanftmut, Selbstvertrauen, Ernsthaftigkeit und Barmherzigkeit. Wann immer sie solche Qualitäten in jemandem sehen, werden sie von ihm angezogen und geben ihm ihre Freude, Segen und Schutz.

Manche Menschen haben engelhafte Elemente in ihrer Sprache, ihren

---

1. Für Informationen über die Vollmonde, bitte im Buch »*Symphony des Zodiacs*« *von Torkom Saraydarian nachschlagen.*

Ausdrücken und Taten. Hinter dem, was sie sind, haben sie etwas, dass nicht in Worte gefasst werden kann: Sie haben ein engelhaftes Element, das magnetisch, graziös, inspirierend und stärkend ist. Manche Menschen sind von einer Gruppe von Engeln umgeben, und ihre Gegenwart bringt Freude, Feierlichkeit, Verständnis, Dankbarkeit und Ekstase.

Engel berühren Menschen durch ihre Gegenwart, auch wenn sie nicht sprechen. Ihr unsichtbarer Einfluss verbreitet sich wie ein Duft. Auch psychische Energie wird also von Engeln übertragen. Sie sind kraftvolle Überträger oder sogar Quellen psychischer Energie. Wenn eine Person mit psychischer Energie aufgeladen ist, wird sie selbst zu einer Quelle von kreativer, heilender und erleuchtender Energie. Engel helfen vor allem denen, die die reine Lehre der Hierarchie lehren, um Schönheit, Güte, Gerechtigkeit, Freude und Freiheit in der Welt zu steigern. Sie stehen neben solchen Menschen, und stärken ihre Aura mit ihren engelhaften Ausstrahlungen. Sie schützen sie vor dunklen Attacken. Engel erinnern sie an spezielle Ereignisse oder Punkte in ihrem Gedächtnis. Für noch größere Inspirationen, bestimmte Ideen oder für Energie können sie diese Menschen sogar mit höheren Sphären verbinden.

Manchmal übt eine Gruppe von Engeln verschiedene Pflichten aus. Zum Beispiel regenerieren bestimmte Engel die Erinnerung eines Vortragenden während einer Vorlesung. Manche Engel eröffnen neue Ideen. Manche von ihnen laden die Worte des Vortragenden mit ihrer eigenen Energie auf. Sie reinigen den Raum über dem Publikum. Engel isolieren die Gedankenströme von Menschen, die mit dunklen Kräften in Verbindung stehen. Manche von ihnen sorgen für Freude, Enthusiasmus und den Geist der Einigkeit. Somit erheben sie das gesamte Publikum.

Manche Engel dienen als Verbindung zwischen dem Vortragenden und seinem Meister oder zwischen seinem Geist und der intuitiven Ebene. In seltenen Fällen wird sogar erfahren, dass sie den Sonnenengel des Vortragenden drängen, die Kontrolle zu übernehmen, um durch ihn selbst, anstatt durch seine Seele zu sprechen.

Nachdem Engel die Erlaubnis des Sonnenengels bekommen haben, in extrem seltenen Fällen, betreten sie die Aura einer Person und benutzen diese direkt in kritischen Zeiten.

Engel schützen sogar manchmal heilige Orte oder bestimmte Häuser, indem sie vor der Tür oder den Fenstern Wache stehen und Feinde auf andere Wege leiten. In bestimmten Situationen bringen sie Geld, Essen, Papier und Bücher. Sie lassen dich verlorene Gegenstände wieder entdecken und finden Menschen, deren Adressen unbekannt waren.

Menschen haben Wege und Mittel entwickelt, um Engel zu kontrollieren, um sie für ihre eigenen Zwecke zu nutzen. Die wahre Lehre ist gegen solche Aktionen. Du musst selbst die richtigen Umstände erschaffen, damit die Engel helfen, denn im Grunde sind sie da, um dir zu helfen.

Engel lieben die Schönheit von Gärten, Blumen, natürliche Farben, Musik und Duft. Musik ist für sie sehr wichtig. Sie lieben es, Musik und Gemälde zu genießen, die eine spirituelle Botschaft des Künstlers tragen. Wenn das Kunstwerk von einer hohen spirituellen Ebene und von einer Person, die mit erhabenen Ideen und Visionen geladen ist, trägt die Musik oder das Gemälde eine große Kraft, eine starke Nahrung und Freude. Engel »wachsen« an Orten, wo großartige Musik und Gemälde verschiedenster Art kreiert und aufgeführt wird.

Engel lieben vor allem den Duft von Rose, Moschus, Fresien, Veilchen, Bernstein und Frankinscense. Sie lieben den natürlichen Duft, der von einer seligen und sich in Ekstase befindenden Person ausgeht.

Devas und Engel lieben Blumen, Wasserfälle, Felsen und schöne Steine. Sie mögen Bienenwachs, Flammen, und Räucherstäbchen, besonders Sandelholz und Rose. Sie lieben lebendige Blumen und kleine Pflanzen in unseren Wohnungen, vor allem kleine Pinienbäume. Engel lieben melodische Musik, Gemälde, Statuen großartiger Künstler und orientalische und indische Teppiche.

Krach wirkt sehr abstoßend auf Engel, vor allem Maschinenlärm. Sie mögen auch den Lärm von Menschengruppen nicht, in denen jeder mit jedem und durcheinander redet. In alten Zeiten, wenn sich Menschen versammelten, wurde uns von den Lehrer Folgendes gesagt:

1. Bewahrt Stille
2. Meditiert
3. Singt zusammen
4. Hört einen Vortrag oder Musik
5. Betet in Einheit zusammen

Engel mögen keinen Applaus. Applaus stört ihre Substanz und ihr elektrisches Feld, welches sie über einer Gesellschaft aufbauen, wenn diese in Ekstase, im Geiste einer Vorlesung oder einer anderen Art von Aufführung vereint ist. Applaus wird schnell aus der Mode kommen, sobald eine Anzahl von Personen den verursachten Schaden des Applauses erkannt hat.[2]

Engel mögen keinen Verrat, Tratsch, Boshaftigkeit und Verleumdung. Sie vergeben vor allem keiner Person, die die Hierarchie verleumdet oder blasphemisch über die »Großen« spricht. In solchen Fällen verlassen sie die Person, die sich ihrem dunklen Schicksal nun allein stellen muss.

Die Himmlischen Gastgeber sind von Kirchenvätern in neun Hauptbereiche aufgeteilt worden. Sie heißen:

1 Seraphim
2. Cherubim
3. Throne
4. Herrschaften
5. Tugenden
6. Kräfte
7. Fürsten
8. Erzengel
9. Engel

---

2. Schlage ebenfalls nach in »*Art and the Subtle Worlds*« *in Other Worlds* von Torkom Saraydarian.

Jede Gruppe hat das Feld ihrer Administration und ihre Sphäre der Kräfte und der Verantwortung.

1. *Seraphime* sind mit den Energien der kosmischen Liebe und mit Christus verbunden. Sie sind in »Seinem Plan« aktiv

2. *Cherubime* sind mit dem Universellen Intellekt, dem Heiligen Geist und physischen Kräften verbunden.

3. *Throne* sind mit dem Kosmischen Willen, dem Willen des Vaters verbunden

4. *Herrschaften* sind die Überwacher der Ökonomie des Sonnensystems und Agenten von »Angebot und Nachfrage«.

5. *Tugenden* sind mit den Kosmischen Prinzipien und Gesetzen verbunden.

6. *Kräfte* sind mit dem Gesetz des Karmas verbunden und verwandeln Böses in Gutes.

7. *Fürsten* sind Beschützer und Überwacher der Kontinente, Rassen, Nationen, Stämme, Städte, Kleinstädte, etc.

8. *Erzengel* sind die Repräsentanten der sieben Strahlen und die Köpfe der sieben Königreiche in der Natur. Sie sind der Geist der heiligen Planeten. Die Pflicht der Erzengel ist es, die Göttliche Absicht voraus zu sehen und für die Manifestation der Göttlichen Absicht zu arbeiten.

9. *Engel* gibt es in verschieden Gruppen mit verschiedenen Pflichten.

Die neun Gruppen der Engel, die Agenten des Göttlichen Gesetzes und Überträger des Göttlichen Willens sind, waren einmal menschliche Wesen, nicht unbedingt auf der physischen Ebene, aber vielleicht in feinstofflicheren Welten und in astralen oder mentalen Ebenen. Durch die »Menschliche Evolution« entwickelten sie Intelligenz, und jetzt dienen sie bewusst der Göttlichen Absicht und dem Plan.

Solarengel oder Sonnenengel sind nicht das Gleiche wie Engel. Solarengel waren in vergangenen Manvantaras »Menschliche Wesen«. Sie sind auf dem Pfad der »Menschlichen Evolution« und sind weit fortgeschrittene Initiierte. Sie sind mit den karmischen Lords, der Hierarchie und dem Intelligenz Aspekt der ersten, zweiten und dritten Strahlen verbunden. Kein Engel kann mit einem Menschen in Verbindung treten, bevor er nicht die Erlaubnis des Solarengels der Person bekommen hat, welcher die gesamte Information über das Karma der betreffenden Person besitzt.

Engel ergreifen nicht Besitz von Personen, aber sie können inspirieren und helfen, wenn der Solarengel aus einem bestimmten Grund die menschliche Seele nicht erreichen kann. Generell haben Engel ihre eigenen Pflichten und Verantwortungen, und sie treten nicht mit dem menschlichen Leben in Verbindung, außer wenn es ihnen aufgetragen wurde.

Nicht nur der Solarengel kann einen Menschen verlassen, sondern auch die menschliche Seele kann die Persönlichkeit verlassen. In diesem Fall lebt die Persönlichkeit wie ein Automat durch programmierte Triebe und Zwänge oder sie wird zum Apparat einer niederen Wesenheit, welche die Persönlichkeit in Besitz nimmt, und sie zu ihrem eigenen Vorteil benutzt, um Sex, Alkohol, und leider auch manchmal um verschiedene Verbrechen vor der eigenen Inkarnation zu erleben.

Auf diesem Wege bleiben manche Materialisten und Kriminelle kontinuierlich auf dieser Erde. Sie sterben, aber im nächsten Moment werden sie wiedergeboren durch einen Menschen, der einen geeigneten Kanal für sie bildet. Sie erleben ständig Leiden und Verderbtheit, bis ihnen ihr Karma eines Tages erlaubt, in feinstofflichere und subtilere Welten überzugehen.

Engel beschützen generell die menschliche Familie vor den Angriffen dunkler Kräfte. Wenn Menschen gegeneinander kämpfen, fühlen sich die Engel traurig, jedoch greifen sie nicht ein. Wenn aber dunkle Attacken menschliche Wesen erreichen, beschützen die Engel sie vor den üblen Kräften. Jedoch nur, wenn diese Attacke nicht von den karmischen Verpflichtungen der Person gelenkt wird.

Wenn du dem Pfad der Rechtschaffenheit folgst, helfen dir die Engel indirekt deine eigenen Kämpfe zu kämpfen, indem sie deinen Geist erleuchten, dein Herz stärken und deine Seele inspirieren.

Die gesamte Hierarchie der Engel ist feurig und menschliche Wesen werden gewarnt, den Kontakt mit ihnen nicht zu erzwingen. Wenn sie aus bestimmten Gründen erscheinen wollen, bereiten sie die Person durch spezielle Schwingungen vor und tauchen dann auf. Wenn sie erscheinen, ist ihre Botschaft in Verbindung mit globalen Problemen und auf internationalem Dienst begründet.

Engel sind nicht an unseren kleinen, persönlichen Problemen interessiert.

Es wird überliefert, dass bestimmte dunkle Wesenheiten die Form von Engeln annehmen und jenen erscheinen, deren Eitelkeiten sie für verschiedene Zwecke benutzen können. Viele falsche Anweisungen sind durch alle Zeiten hindurch von solchen Wesenheiten gegeben worden. Viele Bücher sind »gechannelt« überliefert worden, durchgegeben von »sogenannten Meistern«. Man muss extrem vorsichtig sein, um diese Wölfe im Schafspelz erkennen zu können. Es gibt viele Zeichen, an denen man solche Betrüger erkennen kann. Manche von ihnen loben dich, um deine Eitelkeiten zu nähren. Manche sprechen auch über deine vergangenen Leben. Manche verraten die Geheimnisse anderer Leute. Wiederum andere raten dir zu bestimmten Aktivitäten, nur um deine Begierden zu stillen. Manche sagen dir, du seist ein Messias, ein Christus, ein Prophet, um deine Wünsche zu befriedigen. Wieder andere versuchen deinen Willen zu beherrschen und dir Befehle zu geben. Manche stimulieren dein sexuelles Zentrum oder entfachen Hass und Rachegedanken in deinem Herzen. Andere kreieren Differenzen zwischen der Quelle deiner Inspiration und dir. Es ist nicht selten, dass diese Wesenheiten ihre Nachfolger unter den Menschen haben, die dem Beispiel ihrer Herren folgen. Diese dunklen Engel arbeiten durch ihre menschlichen Stellvertreter, wenn sie sehen, dass sie dich nicht selbst verführen können. Manchmal ist es einfacher sie selbst zu erkennen, als ihre menschlichen Agenten, die die Schule der Künste der Verführung bestanden haben, und sich dir gewöhnlich als ein Freund oder Helfer etc. nähern. Wahre Engel beschäftigen sich nicht mit persönlichen Problemen. Sie interessieren sich für die Hierarchie, Shamballa und den glorreichen Plan. Genau wie es Engel gibt, die Familien, Städten etc. vorstehen, gibt es auch dunkle Engel, die ihre eigenen Stationen aufbauen wollen, um die Arbeit der wahren Engel zu behindern. Solche dunklen Engel errichten ihre Hauptquartiere auch an solchen Orten, wo es Bordelle, Spielhöllen, kriminelle und separatistische Gruppen und Nachtclubs in denen Alkohol und Drogen zu sich genommen werden. Durch die Präsenz solcher Menschen und Vereinigungen können diese dunklen Engel näher kommen und sich direkt selbst in Städten und Dörfern verankern. Von diesem Zeitpunkt an wird sich dort Kriminalität, Krankheit und Wahnsinn verbreiten. Gegensätzlich dazu verbreiten wirkliche Engel Schönheit, Güte, Rechtschaffenheit, Freude, Freiheit, Toleranz, Dankbarkeit und Streben. Sie stärken ihre Position in einer Nation, Stadt oder auch Dorf, wo eine bestimmte Anzahl von Menschen ihr Leben dem allgemeinen Wohlergehen und dem Dienst an der gesamten Menschheit widmen. Wenn die Menschen ihr Leben und ihre Arbeit für die Erhebung der gesamten Menschheit, für die Heilung der verschmutzten Umwelt, zur fortschrittlichen Bereicherung der Evolution und in Ausrichtung hin zur »Hierarchie des Lichtes« einsetzen, kann eine starke Verbindung zwischen Engeln und Menschen entstehen.

Freier Wille

Engel haben keinen freien Willen. Sie bilden eine Armee, und jedes Mitglied dieser Armee gehorcht dem Willen des Allerhöchsten. Menschliche Wesen haben einen freien Willen, doch nur in einem bestimmten Sinn: wenn ihr Wille mit dem göttlichen Willen verschmilzt. Letztendlich muss der Mensch seinen freien Willen aufgeben, den Willen des Allerhöchsten studieren und danach leben.

Christus erlangte solch einen Sieg als er sagte: »Nicht mein, sondern Dein Wille geschehe.« In diesem Moment verschmolz sein Willen mit dem des Allerhöchsten. Von diesem Moment an, kontrollierte er die kraftvollste Energie, aber er hatte auch die reine Weisheit. Er richtete diese Kraft nach seinem göttlichen Vater aus.

Engel leben im Strom des Göttlichen Willens und daher gibt es keinen Konflikt in ihnen.

Die Menschen denken, dass man sich nicht weiter entwickeln und voranschreiten kann, wenn man keinen freien Willen hat. Doch sie ignorieren die Tatsache, dass Freiheit nicht erlangt werden kann, solange man nicht seinen freien Willen für den göttlichen Willen aufgibt. Es ist auch wahr, dass wenn ein totalitärer Mensch deinen Willen kontrolliert, und du ihn aufgibst, du niemals auf dem Pfad der Evolution voranschreiten wirst. Totalitarismus ist nicht Gottes Wille. Gottes Wille manifestiert sich als Schönheit, Güte, Rechtschaffenheit, Freude, Freiheit, Feierlichkeit, Purheit und Aufrichtigkeit. Lass diese Qualitäten deinen Willen kontrollieren, wenn du mit dem Willen des Allerhöchsten verschmelzen willst.

Inkarnieren sich Engel als Menschliche Wesen?

Alle geistigen Wesen, die über die gegenwärtige Entwicklungsstufe des Menschen hinaus existieren, gehen durch die menschliche Evolution. In der »Geheimlehre« heisst es dazu:

> ... *Um ein göttlicher, vollkommen bewusster Gott zu werden, – ja, so müssen auch die höchsten – die geistigen/spirituellen, uranfänglichen INTELLIGENZEN die Stufe des Menschseins durchlaufen. Und wenn wir sagen Menschsein, dann meinen wir nicht nur die Menschheit auf der Erde, sondern die Sterblichen, die alle möglichen Welten*

bewohnen. Jene Intelligenzen, die das angemessene Gleichgewicht zwischen Geist und Materie erreicht haben, so wie wir jetzt, seit der Mittelpunkt der vierten Wurzelrasse der vierten Runde vergangen ist. Jede Wesenheit hat sich das Recht göttlich zu werden, für sich selbst, durch Selbst-Erfahrung erkämpfen müssen[3]...

... Der gesamte Kosmos ist geführt, kontrolliert und belebt durch eine fast endlos scheinende Schar von Hierarchien empfindender Wesen, von denen ein jedes eine Mission zu erfüllen hat und die – ob wir ihnen nun diesen oder jenen Namen geben, sie Dhyan – Chohans oder Engel nennen – »Boten« sind, im Sinne davon, dass sie die Ausführenden von karmischen und kosmischen Gesetzen sind. ... Weil ein jedes dieser Wesen entweder schon Mensch war oder sich darauf vorbereitet einer zu werden. Wenn nicht in der Gegenwart, dann in einem vergangenen oder kommenden Zyklus (Manvantara). Sie sind Vervollkommnete, wenn nicht anfangende Menschen; und sie unterscheiden sich moralisch auf ihren höheren, weniger materiellen Sphären von den Erdenmenschen dadurch, dass sie frei sind vom Gefühl der Persönlichkeit, und frei sind von der menschlichen, emotionalen Natur – zwei rein irdische Charakteristika. Die Ersteren, oder die »Vervollkommneten« sind von diesen Gefühlen frei geworden, weil sie (a) nicht länger fleischliche Körper haben – ein immer unbeweglicher werdendes Gewicht für die Seele; und (b) das pure, geistige Element in ihnen ungebunden ist, freier. Sie sind so wenig von Maya beeinflusst, wie der Mensch es kaum jemals sein kann, es sei denn, er ist ein Adept, der seine zwei Persönlichkeiten – die geistige und die körperliche – komplett auseinander halten kann. Die beginnenden Monaden, die noch nie irdische Körper hatten, haben kein Verständnis von Persönlichkeit oder EGO-ismus[4]...

»... Der Mensch kann die Devas nicht günstig stimmen oder ihnen befehlen« heisst es. Aber, indem er seine niedere Persönlichkeit mehr und mehr unwirksam macht, lähmt, und dadurch zur vollkommenen

---

3. H.P. Blavatsky, *The Secret Doctrine*, Vol. I (1978 ed), Seite 106.
4. *Ibid.*, Seite 274-275.

Erkenntnis der Ungetrenntheit seines höheren SELBST vom »Einen Absoluten SELBST« gelangt, kann der Mensch sogar während seines irdischen Lebens »einer von uns« werden...«[5]

»Die nüchterne Wahrheit ist das, wie gerade gezeigt, jeder sogenannte »Spirit/Geist« ein entkörperter/körperloser oder zukünftiger Mensch ist. Vom höchsten Erzengel (Dhyan Chohan) hinab bis zum letzten bewussten »Erbauer« (der niederen Klasse der geistigen Wesenheiten) sind alle diese Menschen, welche vor Äonen in anderen Manvantaras auf dieser oder auf anderen Sphären gelebt haben; so sind die niederen, halbintelligenten und nicht – intelligenten Elementale alle zukünftige Menschen. Diese Tatsache allein – das ein Geist mit Intelligenz begabt ist – ist ein Beweis für den Okkultisten, dass ein solches Wesen ein Mensch gewesen und seine Erkenntnis und Intelligenz während des menschlichen Zyklus erlangt haben muss. Es gibt nur eine unteilbare und absolute Allwissenheit und Intelligenz im Universum, die ein jedes Atom durchdringt und jeden kleinsten Punkt im ganzen endlichen Kosmos, der keine Grenzen hat, und der von den Menschen WELTRAUM genannt wird, unbeachtet dessen, was in ihm enthalten ist. Aber die erste Differenzierung ihrer Reflektion in der manifestierten Welt ist rein geistig, und die Wesen die in ihr hervorgebracht wurden, haben kein Bewusstsein in der Art, wie wir es begreifen. Sie können nicht ein menschliches Bewusstsein oder eine menschliche Intelligenz entwickeln, bevor sie diese nicht persönlich oder individuell erlangt haben ...

Die gesamte Ordnung innerhalb der Natur zeigt eine fortschreitende Bewegung auf ein höheres Leben hin. Es ist ein Plan im Wirken der scheinbar blindesten Kräfte. Der ganze Prozess der Evolution mit seinen endlosen Anpassungen ist ein Beweis dafür. Die unveränderlichen Gesetze, die die schwachen und kraftlosen Arten ausmerzen, um Platz zu schaffen für die Starken, und die sicherstellen, dass die »Stärksten überleben«, selbst wenn es in seiner unmittelbaren Wirkung

---

5. *Ibid.*, Seite 276.

grausam ist, arbeiten alle auf ein grosses Ziel hin. Die Tatsache an sich, dass Anpassungen wirklich stattfinden, dass die Stärksten im Kampf um die Existenz überleben, zeigt, dass das, was »unbewusste Natur« genannt wird, in Wirklichkeit eine Vereinigung von Kräften ist, gehandhabt von semi-intelligenten Wesen (Elementalen), geführt von hohen planetarischen Geistern (Dhyan Chohans), deren allgemeine Zusammenfassung das geoffenbarte Verbum des ungeoffenbarten LOGOS bildet, und zu ein und der selben Zeit das GEMÜT des Weltalls und sein unveränderliches GESETZ ausmacht.[6]

Im Allgemeinen heisst es, dass sich Devas nach einer gewissen Zeit der Weiterentwicklung auf der Mentalebene inkarnieren. Sie können ihre Entwicklung bis zur Sechsten Initiation vorantreiben und an dieser Stelle mit der menschlichen Evolution verschmelzen. Es heisst, dass viele Erzengel zu Menschen geworden sind. Sie nahmen die menschliche Form an, um sich entsprechend dem Archetyp der menschlichen Form zu entwickeln.

Wir sollten uns daran erinnern, dass die unsichtbaren Helfer in der Sphäre der Erde nicht nur Engel, Devas oder Geister sind. Es gibt viele Wesenheiten. Da sind jene, die Menschen waren und jetzt mit ihren verschiedenen Körpern auf den verschiedenen Ebenen leben. Da sind auch jene, die Engel waren, und jetzt in höheren Ebenen als Engel-Menschen leben. Oder auch die, die um die Erde herum existieren, die die feinstofflichen Ebenen besuchen oder den Menschen erscheinen. Es gibt solche, die die menschliche Evolution abgeschlossen haben und sich mit der Arbeit am Plan der Hierarchie beschäftigen. Und es gibt jene, die zur Armee der Dunklen Mächte gehören.

Alle diese Wesenheiten werden oft »Engel« genannt, doch sind sie es nicht. Man muss eine klare, geistige Vision haben, um sie zu unterscheiden, wenn man mit ihnen in Kontakt kommt.

Wenn man diese Fakten kennt, muss man daraus schliessen, dass nicht jede Erfahrung mit der unsichtbaren Welt notwendigerweise eine Erfahrung

---

6. *Ibid.*, Seite 277-278.

mit Engeln ist, obwohl das auch möglich sein kann. Es gibt viele menschliche Seelen, die in den feinstofflichen Ebenen als unsichtbare Helfer tätig sind, die oft fälschlicherweise mit Engeln verwechselt werden.

Erzengel, mit ihren eigenen Armeen von Engeln, formen feinstoffliche Zentren im All, um bestimmte Energien aus höheren Quellen an die Planeten zu übermitteln. Erzengel kann man sich auch als Strahlen, Lichtstrahlen oder Ströme intelligenter Energie vorstellen, die in ihrer Gesamtheit das Netzwerk der Kommunikation zwischen allen existierenden Formen und dem Geheimnisvollen, mysteriösen Jenseits bilden.

Erzengel haben ihre menschliche Entwicklung bereits seit langen Zeiten abgeschlossen. Uns wird gesagt, dass sie gegenwärtig mit ihren manifestieren Körpern auf den heiligen Planeten Erfahrungen sammeln.

In der Lehre der Grossen lesen wir, dass einige Erzengel auf ihrem Weg der Entwicklung fehlten. Diese, die versagten, müssen warten, bis ein neues Sonnensystem mit seiner Entfaltung beginnt und das Leben dort menschliche Wesen hervorbringt. Erst auf dieser Stufe ist es diesen grossen Wesen möglich, ihre karmischen Schulden zu begleichen.

> ... Dann werden sie zu einer aktiven Kraft, die sich mit den Elementalen oder fortgeschrittenen Wesenheiten des reinen Königreiches der Tiere vermischt, um nach und nach den vollständigen Typ der Menschheit zu entwickeln. In dieser Vermischung verlieren sie ihre hohe Intelligenz und die Spiritualität des Devatums, um sie am Ende des siebenten Ringes der siebenten Runde wieder zu erlangen.[7]

In Plato's Werk wird festgestellt, dass Menschen als »Tiere« reinkarnieren können. Es liegt eine tiefe Wahrheit in dieser Aussage, wenn sie richtig verstanden wird.

Die grossen Erzengel traten ein in die menschliche Evolution und indem sie darüber hinaus gingen, wurden sie zu strahlenden Engeln. Es ist leicht zu

---

7. The Mahatma Letters, A.T. Barker, ed., Seite 87.

sehen, was Plato mit seiner Aussage meinte.

Uns wird gesagt, dass die »Buddhischen und Atmischen Permanenten Atome« der Spirituellen Triade verbindende Elemente zwischen der menschlichen Seele und zwei grossen Engeln sind. Diese Engel teilen die Evolution mit dem Menschen. Sie sammeln Erfahrungen und lernen durch diese Verbindung. Ausserdem reflektieren sie wie ein Spiegel das Leben der Menschen. Unser Sonnenengel befindet sich meistens um das »Permanente Mentale Atom« herum und formt auf diese Weise die Geistige Triade mit den zwei grossen Engeln.

Wir können diesen zwei Engeln helfen, indem wir ein Leben voller Schönheit, Güte und Rechtschaffenheit führen. Eines Tages werden wir vielleicht ein Teil dieses Dreiecks sein, wenn wir uns zuerst in das Zentrum versetzen, dann bei der Vierten Initiation an die Stelle unseres Sonnenengels treten und Teil dieses heiligen Dreiecks, der Spirituellen Triade werden. Wenn wir diese Stufe erreichen, wird unser Bewusstsein eine grössere Möglichkeit haben, sich zu erweitern, denn es wird die tiefe Weisheit der grossartigen Engel assimilieren, die sich uns auf diese Weise darbietet.

Die grösste Lektion, die der Mensch diese grossen Engel lehren wird, ist das Prinzip des freien Willens, und die Wissenschaft, wie man den freien Willen mit dem Willen des Allerhöchsten in Einklang bringt. Diese Engel haben keinen freien Willen. Sie werden es lernen, indem sie durch das Königreich der Menschen gehen. Durch das Studium der Wissenschaft des Willens wird der Mensch die Einheit allen Lebens und die Existenz des Einen Willens realisieren, und dies bewusst in allen Aspekten des Lebens wirken lassen.

Die meisten Menschen wissen nichts von solch einer Kooperation zwischen Engeln und Menschen. Wir müssen uns daran erinnern, dass wir ständig in der Gegenwart dreier Engel sind, eines menschlichen – unser Sonnenengel – und zweier anderer aus der Evolution der Engel. Selbst wenn wir bei unseren täglichen Kämpfen, Erfolgen und Misserfolgen ihre Präsenz nicht fühlen, so sind sie doch da. In engem Kontakt mit unseren höheren Prinzipien.

Bis zur »Vierten Initiation« wird unser Sonnenengel zunehmend unsere Quelle der Inspiration sein. Nach der Vierten Initiation findet die menschliche Seele eine noch grossartigere Quelle der Inspiration in diesen grossen Engeln, und erreicht durch sie Höhen, die man sich vorher nie hätte vorstellen können. Sie sind die göttlichen Gefährten des Menschen, bis er das Monadische Bewusstsein erlangt hat. Grössere Herrlichkeit wartet auf ihn, wenn er diese Leistung vollbracht hat.

Diese grossen Engelwesen besitzen kein Selbstbewusstsein oder das »Bewusstsein der Individualität«. Sie können nicht verstehen, warum der Mensch alle seine Aktivitäten auf die Verwirklichung seiner individuellen Selbstinteressen konzentriert. Für jene die selbstsüchtig sind, und die in ihrem Leben einzig um sich selbst kreisen, werden es als schwer empfinden, mit diesen Engeln zu kooperieren und durch sie inspiriert zu werden.

Auf der anderen Seite muss der Mensch den Engeln die Existenz und die Geheimnisse des Selbst lehren, und zwar nicht entgegen dem Einen Selbst, sondern in Harmonie mit ihm. So ist es auf dieser Stufe, dass die Engel die Mysterien des Willens, des Selbstes und der Freiheit verstehen. Freiheit ist die Fähigkeit, eins zu sein mit dem »Kosmischen Selbst«.

Durch die Reinigung seines Wesens wird der Mensch bereit werden, die Selbstlosigkeit der Engel zu lernen. Das kann nur verstanden werden, wenn der Mensch durch viele Leben mit all seinen falschen Selbsten und Interessen geht, und schliesslich sein reines Selbst erhebt in das Licht der Selbstlosigkeit der Engel.

Individualität ist das Ziel der Evolution. Jedes individuelle Instrument muss die Purheit seines eigenen Tones erlangen, um dann Teil des Göttlichen Orchesters zu sein, um die »Eine Symphonie« mit zu kreieren.

Meditation und Engel

*M*editation ist ein sehr sicherer Weg, um die Aufmerksamkeit der Engel zu erlangen. Meditation lässt Frieden im Körper, in den Gefühlen und im Geist entstehen. Sie harmonisiert alle diese Elemente, erhöht ihre Vitalität und ihren Magnetismus. Meditation hebt das Niveau des Bewusstseins und macht es sensitiver gegenüber höheren Eindrücken, die von den Engeln ausgesandt werden.

Während der Meditation werden höhere Gedanken, Ideen und Visionen von der Aura des jeweiligen Menschen angezogen. Solche Ströme höherer Gedanken kreieren wunderschöne Farben und Strahlen in der Aura und senden ein Signal der Einladung für Engel aus. Wenn sich die Meditation vertieft und das menschliche Bewusstsein in die Kontemplation eintritt, wird die Brücke zwischen diesen beiden Ufern kürzer, und der Mensch erlebt schliesslich einen segensreichen Niederschlag von höheren Energieströmen und Ideen. Auf diese Weise entsteht der bewusste Kontakt zwischen Menschen und Engeln und auf diese Weise ist es, dass sich beide gegenseitig in ihrer Evolution unterstützen.

Der Mensch sollte nicht versuchen, unsichtbare Wesen oder Engel in die Sphäre der Erde zu bringen. Stattdessen sollte er versuchen, sein eigenes Bewusstsein zu erheben und sie in ihren eigenen Sphären zu treffen.

Wenn man meditiert, sollte man dies nicht mit der Absicht tun, Engelwesen dazu zu zwingen, mit einem in Kontakt zu treten. Diese Absicht allein reicht aus, um sie zu vertreiben. Man muss sein Bewusstsein nach oben hin ausrichten und die Dinge werden ganz natürlich geschehen.

Während der Meditation muss man sehr darauf bedacht sein, seinen Focus auf die höhere Mentalebene auszurichten und mit den puren Substanzen der Logik, der Vernunft und der intuitiven Wahrnehmung zu arbeiten. Wenn man mit seinem Verlangen Engel zu treffen auf die Astralebene trifft, dann wird man wohl Engel antreffen; wie auch immer, es werden nicht jene sein, die man zu treffen hoffte, sondern eher die, die einen auf den falschen Pfad führen werden.

Jedes aussersinnliche Erlebnis sollte ganz klar aufgezeichnet werden, so, wie es wirklich stattgefunden hat. Später, im Laufe des selben Tages, sollte man es studieren und genau untersuchen, ob es sich um eine Verblendung, eine Illusion oder eine Attacke handelt. Keine Erfahrung sollte als ein Signal der Kommunikation mit Höheren Welten verstanden werden, es sei denn, es stellt sich wirklich als ein solches heraus. Die Entwicklung und Entfaltung von Unterscheidungsvermögen beginnt, wenn der Mensch subtilere Probleme lösen muss und dabei versucht, sich ein richtiges Urteil zu bilden und das Richtige zu tun.

Wann auch immer man denkt, dass man von einer Verblendung eingenommen und von dunklen Kräften attackiert wird, sollte man für eine Weile mit der Meditation aussetzen und den Rat eines Lehrers suchen.

Um die Präsenz von Engeln zu spüren, ist es ausserdem notwendig, noch sensitiver zu werden. Es ist nicht zwingend nötig sie zu sehen oder zu hören oder zu berühren. Zuallererst wäre es wichtig sich an das Gefühl zu gewöhnen, ihre Gegenwart zu spüren. Es gibt einige Zeichen, die mögliche Indikatoren für diese Gegenwart sein könnten:

1. Grosse Stille in dir

2. Ein Gefühl der Freude

3. Ein Gefühl zunehmender Ausdehnung

4. Ein Gefühl der Einheit mit allem

5. Ein Gefühl tiefer Dankbarkeit

6. Ein Gefühl der Vergebung

7. Ein Gefühl des Friedens

8. Ein Strom kreativer Ideen

9. Tiefere Kontakte mit den Quellen grossartiger Ideen

10. Gefühle des Mutes, der Kühnheit und des Strebens

11. Ein Gefühl der »Selbstaufgabe«

12. Ein Gefühl, beschützt zu sein

Dies sind einige der Zeichen, die dir anzeigen, dass Engel in deiner Nähe sind. Wenn sie sich wieder von dir trennen, dann kannst du dich depressiv fühlen, allein gelassen, deinem Schicksal ausgeliefert. Du könntest dich ausgetrocknet fühlen, selbstsüchtig, streitlustig, egozentrisch usw. Die Gegenwart der Engel gibt dir ein Gefühl gesegnet zu sein, innere Fülle zu spüren und innere Zufriedenheit.

Du musst die Engel nicht notwendigerweise sehen. Du siehst ja mit deinen Augen auch keine elektrischen Ströme, bestimmte Strahlungen, Düfte/-Parfums – doch du fühlst sie. Oftmals sehen die Menschen ihre eigenen Gedankenformen, ihre Vorstellungen oder die Formen, die sie in ihrer Phantasie kreieren. In Wahrheit haben Engel keine festgelegte Form. Sie sind Ströme bewusster Energie, wie Strahlen oder Sphären des Lichtes. Die Menschen können nicht an Engel denken, ohne ihnen eine einfallsreiche Form zu geben. So täuschen sie sich selbst. Es ist an der Zeit, mit dieser Verblendung Schluss zu machen. Diese hat das menschliche Denken seit Beginn der Zivilisation dominiert – die Verblendung, in der man annimmt, dass Engel eine menschliche Form haben. Das haben sie nicht.

Die Leute sagen: »Sie haben keine menschliche Form, doch sie sehen aus wie Zwerge, dümmlich ausschauende Elfen, wunderschöne Feen usw.« Diese Bilder entbehren jeder Wahrheit. Diese Bilder sind Erfindungen jener, die noch nie im Leben eine Erfahrung mit Engeln hatten.

Engel sollte man nicht mit grossen, lebenden Adepten oder Meistern verwechseln, die manchmal mit ihren strahlenden Körpern, die ihre ätherischen oder physischen Formen umgeben, erscheinen und nicht selten denjenigen, den sie treffen, erschrecken. Manchmal sind sie höher entwickelt als viele

Engel und haben eine tiefere Einsicht in den Plan und die Absicht des Allerhöchsten. Sie besitzen nicht nur einen freien Willen, sondern auch pure Intelligenz. Einige von ihnen haben in ihren Ashrams viele Engel, denen sie ein Lehrer sind.

Christus wird auch der »Lehrer der Engel und der Menschen« genannt.

Die Engel empfinden grosse Freude beim Lernen, wenn sie hohe Vibrationen und Emanationen, Ausstrahlungen spüren. Deshalb besuchen viele von ihnen Vorlesungen und Hallen, wo grossartige Musik gespielt oder Gesang aufgeführt wird. Sie erfreuen sich an Galerien, wo grosse Kunst ausgestellt wird.

Bestimmte Engel lieben Zeremonien und Rituale wegen deren Harmonie und dem Rhythmus der Farben, der Töne und der Bewegungen. Sie mögen nicht nur die Zeremonien und Rituale, sie übertragen dem Ausführenden auch Energie, welche er an die Anwesenden weitergibt. An manchen Zeremonien und Ritualen nehmen sie sogar selbst teil. Sie lieben besonders Zeremonien der Initiation, wenn der Neugetaufte Neophyt einen Schwur wiederholt und verspricht in Zukunft ein nobles Leben zu führen. Sie dienen und helfen demjenigen, der die Zeremonien und Rituale leitet und geben in jede Handlung des Zelebrierenden bestimmte Segnungen und Energien hinein.

Engel lieben es, denen zu helfen, die eine Vorlesung halten. Sie bringen ihnen nicht nur höhere Ideen, sie laden auch ihre Stimme und ihren sprachlichen Ausdruck mit einer magnetischen Energie auf.

Bestimmte Engel werden die »Tröster« genannt. Andere wieder sind Führer in der Subtilen Welt für die, die gestorben sind und Führung brauchen, um sich mit den Konditionen der »Subtilen Welt« vertraut zu machen. Tröster arbeiten auf beiden Seiten – mit denen, die jemanden verloren haben und mit denen, die ihre Lieben in der Welt zurücklassen mussten.

Wie man die Hilfe der Engel erbittet

*D*ie wichtigste Vorraussetzung um Hilfe zu bekommen ist ein reines, aufrichtiges Herz. Solange man Heuchelei, Eigennutz, Gedanken der Ausbeutung, Lügen und Betrug in seinem Herzen hat, werden die Engel davon vertrieben.

Zuallererst müssen wir wissen, dass uns die Engel so sehen, wie wir wirklich sind. Wir können nicht ihre Hilfe erbitten, wenn wir versuchen unsere Motive vor ihnen zu verbergen, oder wenn wir so weiterleben wollen, wie wir es in der Vergangenheit gemacht haben. Wir brauchen ihre Hilfe, denn oft stehen wir Schwierigkeiten gegenüber, die wir selbst verursacht und in Gang gesetzt haben.

Wir dürfen nicht damit fortfahren immer wieder die gleichen Ursachen zu kreieren, wenn wir ihre Hilfe erwarten. Deshalb ist es wichtig, uns diese Dinge einzugestehen, bevor wir ihre Hilfe suchen.

Die zweite Vorraussetzung für ihre Hilfe ist, keinen Zweifel im Geiste zu hegen – Zweifel bezüglich ihrer Existenz oder das es falsch sein könnte zu ihnen zu beten, anstatt zu Gott. Erinnere dich daran, dass du oftmals deine Freunde um Hilfe bittest, und das ohne jemals zu denken, du würdest etwas Falsches machen. Du bittest ja auch die Polizei oder einen Staatsbeamten um Unterstützung, und gehst nicht direkt zum Präsidenten. Die Hierarchie der Engel ist dazu bestimmt, den Menschen zu helfen, eben so wie all die Beamten unserer Regierung. Es ist nichts Falsches dabei, zu einem Beamten zu gehen, dessen Aufgabe es ist, sich um deine speziellen Erfordernisse zu kümmern.

Engel kommunizieren gerne mit dir und helfen dir auch, wenn du auf die richtige Art und Weise auf sie zukommst. Der Umfang der Hilfe, den sie dir gewähren, ist bestimmt von deinem Karma, von deiner Fähigkeit einzusehen, welche Fehler du in der Vergangenheit gemacht hast, und von der Einstellung, die du in der Gegenwart hast. Bist du fähig, dich Selbst in völliger Klarheit zu betrachten und den Weg der Schönheit, Güte, Rechtschaffenheit, Freude und

Freiheit zu gehen, kannst du die Auswirkungen deines vergangenen Karmas minimieren, und »die Tür der Möglichkeit« der grösseren Hilfe durch das Reich der Engel weiter öffnen.

Eine ähnliche Voraussetzung findet Anwendung bei anderen Arten der Hilfestellung. Zum Beispiel brauchst du mehr Licht und Weisheit, um bestimmte Probleme zu lösen. Oder du brauchst grössere Inspiration, um grossartige Kunstwerke zu schaffen oder Dinge zu erfinden, die der Menschheit helfen können. In all diesen Fällen, wo wir die Hilfe der Engel brauchen, müssen wir reine Motive haben. Wir müssen uns von den Fehlern der Vergangenheit lösen und uns dafür entscheiden, nicht den Weg einzuschlagen, der zur Niederlage führt. Sind deine Motive wahrhaft rein, dann scheinen sie wie ein magnetisches Licht und ziehen die Hilfe an.

Wenn du nicht bekommst, dessen du bedarfst, dann denke daran, dass dies kein Zeichen ist, dass die Engel dich ablehnen. Sie können nicht gegen dein Karma wirken, doch sie können dir helfen stark zu sein, und das wahre Problem zu begreifen. Was zum Beispiel Krankheiten anbelangt, ist es wichtig sich daran zu erinnern, dass nicht alles deinem eigenen Karma zuzuschreiben ist; eine Krankheit kann ebensogut durch das Karma der Welt als Ganzes verursacht worden sein, dessen Schuld du vielleicht hilfst mit abzutragen.

Nicht alle Schwierigkeiten und Krankheiten auf deinem Weg sind das Ergebnis deiner Fehler. Es kann auch sein, dass sie das Resultat einer Liebe, Arbeit und Hingabe sind, die über die Kapazität deiner Körper hinaus geht. Es gibt auch Fälle, wo ein Mensch für das Karma von anderen bezahlt, um eine Gruppe oder eine Nation zu retten. Doch in all diesen Fällen können die Engel dir auf verschiedene Weise helfen. Das Wichtigste ist nicht die Heilung, die Lösung von Problemen oder das Entdecken an sich; das Wichtigste ist der Prozess der Perfektion und der Entfaltung, den du in der Zeit der Krankheit, der Probleme und Schwierigkeiten durchläufst, denn dadurch erst wird es dir möglich, zu den Quellen deines Wissens vom Licht Zugang zu finden, und das ist auf keine andere Weise möglich.

Wie man Engel anruft

1. Setz dich an einen ruhigen Platz, Zuhause oder in der Natur – unter einen Kiefernbaum, neben grosse Felsen oder Wasserfälle, neben ein kleines Feuer.
2. Entspanne deinen Körper.
3. Mach fünf tiefe Atemzüge.
4. Sei für einige Minuten mental absolut still.
5. Sprich *Die Grosse Invokation* und mach drei OMs.
6. Sprich mit grosser Konzentration und voller Gefühl:

   O, leuchtende Brüder des Lichtes,
   O, magnetische Diener der Liebe,
   O, Träger des mächtigen Willen des Allerhöchsten,
   ... hiermit präsentiere ich Euch mein Herz
   mit dem Feuer meines Strebens,
   mit dem Feuer meiner Aufrichtigkeit.
   Ich rufe nach Eurer Hilfe ...

   Möge Euer Licht mich erleuchten.
   Möge Eure Liebe mich heilen.
   Möge die Energie des Willens, den Ihr tragt, Integrität, Harmonie und Ganzheit in meinem ganzen Wesen kreieren.

   Möge ich Euren Frieden teilen.
   Möge ich Eure Freude teilen.
   Möge ich Eure Schönheit teilen.
   Möge ich Eure Freiheit teilen.

O, leuchtende Brüder des Lichtes,
wenn es der Wille des Allerhöchsten ist,
im Namen Christus,
lass meinen Körper geheilt sein.

Lass meinen Geist die Lösungen für die Probleme finden.
Lass meine Seele die Eingebungen des Wissens registrieren,
das ihr mir zukommen lassen wollt.
Lasst Eure Energie in mich fliessen,
O, leuchtende Brüder des Lichtes.

Ich will Euer Licht nutzen,
Eure Liebe
Eure Energie, die mir zukommt,
zum Wohle der Menschheit,
für die Manifestation
des Planes des Lichtes und der Liebe für
die Erfüllung des Göttlichen Willens.

7. Sitze in Stille. Visualisiere ihr Licht, das dich einhüllt. Du magst eine spezielle Vibration spüren, Heilung oder die Erweiterung deines Bewusstseins erleben, neue Ideen und Visionen bekommen.

8. Nach fünf Minuten der stillen Kontemplation drücke deine Dankbarkeit aus, indem du sagst:

Ich übergebe Euch meine Dankbarkeit als einen Duft,
der aufsteigt vom Altar meines Herzens.

Möge Euer gesegneter Dienst sich über die ganze Welt erstrecken.

Möge mir eine Chance gegeben werden mit Eurer Arbeit
zusammen zu wirken.
Dankbarkeit und Liebe für Euch.

9. Töne sieben OMs.

Beobachte die folgenden Stunden oder Tage, ob du irgendeine Idee, Vision oder Heilenergie in dir aufnehmen kannst, die dir direkt oder indirekt zukommt. Das Wichtigste ist, dass du Glauben hast. Glaube ist das intuitive Bewusstsein, dass deine Stimme sie erreicht hat.[8]

> *Im Altertum hiess es: »Alle Menschen sind Engel.« Wahrlich, Menschen sind die Boten ferner Welten. Daher ist ihre Verantwortung gross. Selten jedoch übernehmen sie die Verantwortung zu tragen, was ihnen anvertraut wurde und sind noch nicht einmal beunruhigt, wenn sie ihren Schatz verlieren. Nur ein paar Vereinzelte mögen bedauern, dass sie etwas vergessen haben, was sie einst hörten. Lasst die Menschen nicht vergessen, das sie Boten und ein Band zu fernen Welten sind. Dieses Bewusstsein an sich erfüllt das tägliche Leben mit Schönheit.*[9]

Ein Engel bedeutet ein Bote zu sein im All, ein Bote von einem Stern zum anderen, von einem Planeten zum anderen oder von einer Existenzebene zur anderen Existenzebene. Du musst in deinem Geiste verankern, dass du versehen mit ganz bestimmten Verantwortlichkeiten auf diese Erde gekommen bist. Du hast spezielle Verantwortlichkeiten, und wenn du zu einem anderen Planeten gehst, dann wirst du dort wieder bestimmte Verantwortlichkeiten haben. Denke nicht, dass alles zu Ende ist, wenn du deinen Körper verlässt.[10]

---

8. *New Dimensions in Healing*, Seite 543-562.
9. Agni Yoga Society, *Brotherhood*, para. 278.
10. *Talks on Agni*, Vol. I, Seite 252.

Ein reiner Gedanke steigt immer auf.
Zu Füssen des Christus blüht er, strahlend ...[11]

---

11. Agni Yoga Society, *Leaves of Moraya's Garden*, Vol. I, para. 21.

Wenn du eine Blume betrachtest und tiefe Dankbarkeit spürst, stell dir vor, dass du dich in der Gegenwart von Christus befindest. Du hilfst dabei, Seinen Garten zu bilden, der aus reinen Gedanken besteht. Einer der Grossen sagt, dass reine Gedanken Blüten/Blumenformationen kreieren, und dass tausend Devas kommen, die um sie herum tanzen.[12]

In der esoterischen Literatur haben Blumen eine zweifache Bedeutung. Sie stehen für die wirklichen Blumen, die wir in unserem Garten haben. Wir sollten sie anpflanzen und sie pflegen, weil sie dazu beitragen, unsere Atmosphäre zu verschönern und zu klären. Die Devas lieben sie und sind gerne in ihrer Nähe. Blumen am Wege stehen aber auch sinnbildlich für blühende Menschen ...[13]

Du bist nicht diese Nase, dieses Haar, dieser Körper, diese Ohren. Du bist ein Engel, und weil du einer bist, hast du eine Mission, die über die irdischen Probleme und Störungen hinaus geht ...[14]

... Einige Stimmen ziehen Engel an; andere, böse Geister.[15]

Uns wird gesagt, dass Freude die Nahrung der Engel ist ...[16]

Freude zieht die Aufmerksamkeit der Heerscharen der Engel und der Grossen auf sich. Die Ausstrahlung der Freude macht es den Unsichtbaren möglich, sich deiner Sphäre zu nähern und direkt mit dir zu kommunizieren, dich zu inspirieren und dir zu helfen. Deine Freude überzeugt Sie, dass du Ihre Schätze nicht missbrauchen wirst; du wirst die »Talente« nicht begraben, sondern sie zum Guten nutzen.[17]

---

12. *Talks on Agni*, Vol. I, Seite 102.
13. *Ibid.*, Seite 181-182.
14. *Ibid.*, Seite 253.
15. *The Ageless Wisdom*, Seite 157.
16. *Ibid.*, Seite 115.
17. *Joy and Healing*, Seite 108.

Auf der Mentalebene kannst du mentale Blumen und Vögel finden. Es ist sehr interessant, dass es dort keine Tiere gibt. Blumen sind das Werk von Devas. Devas kreieren tausendmal schönere Blumen und buntere Vögel, als wir sie auf der Erde kennen. Solcherart Vögel sind oft Devas in Vogelform.[18]

... Der Weg des brennenden Herzens ist oft ein einsamer Weg – einsam in den Augen der Welt, vielleicht – doch du bist mit Gott, und so bist du nie einsam. Engel und »Grosse Wesen« sind immer deine Begleiter.[19]

Devas helfen auf verschiedene Weise, wenn du sie mit deiner reinen Essenz nährst, mit deine puren Ausstrahlungen. Zum Beispiel:

1. Sie füllen deine Körper-Sphäre und deine Umgebung mit grossem Magnetismus.

2. Sie verbinden deinen Geist mit »höheren Wolkengebilden« des Wissens und der Information.

3. Sie erinnern dich an Dinge aus der Vergangenheit, die dich in deinem kreativen Sprachausdruck bereichern.

4. Sie übermitteln Nachrichten von deinen Freunden und von deren Seelen.

5. Sie warnen dich vor Gefahren.

6. Sie eröffnen dir Möglichkeiten.

7. Sie beschützen deine Aura vor den Gedanken deiner Feinde.

Aspiranten, Schüler und Initiierte kooperieren stetig mehr und mehr mit Devas, wenn ihr Leben ein Niveau grosser Reinheit erreicht hat. Die Devas werden uns direkt lehren; sie werden eine Verbindung sein zwischen uns und höheren Zentren. In seltenen Fällen können sie uns auch mit Dingen versorgen,

---

18. *Other Worlds*, Seite 55. / 19. *The Flame of the Heart*, Seite 206. / 20. *New Dimensions in Healing*, Seite 64.

die wir brauchen – ein Buch, Geld oder anderen Sachen, die wir benötigen.[20]

Heilung und Unsichtbare Wesen

Tatsächlich lehren einige Engel in den grossen Zentren für Höheres Studium. »Ein Teil von ihnen lehrt direkt« die Kunst des Heilens mit Hilfe des Tones, der Farben und der Bewegung.

Die Menschen haben vergessen, dass es unsichtbare Helfer gibt, die in Krankenhäusern, Privaträumen und im All tätig sind, um Menschen zu heilen. Nicht nur physisch, sondern auch emotional und mental. Sie sind da, um Frieden und Gesundheit im individuellen und sozialen Leben herzustellen. Diese unsichtbaren Wesen werden Engel oder Devas genannt. Ein Teil von ihnen arbeitet direkt mit all jenen zusammen, die ihr Leben dem Heilen gewidmet haben.

Diese Engel oder Devas heilen auf verschiedene Weise:

1. Sie übermitteln Ärzten und Chirurgen den Impuls bestimmte Handlungen zu machen und übermitteln ihrem Geist den Eindruck, welche Schritte in den speziellen Fällen notwendig sind.

2. Sie offenbaren neue Formeln und helfen Forschern, neue Entdeckungen zu machen.

3. Sie vitalisieren die Aura der Kranken.

4. Sie geben dem Patienten in Träumen Ratschläge für zukünftiges Handeln, welche Kräuter oder welche Methoden sie anwenden sollen, um die Heilung voran zu treiben.

5. Sie offenbaren die Ursache der Krankheit durch telepathische Kommunikation oder direkte Offenbarung.

6. Sie aktivieren bestimmte Elementarteilchen im Körper um den Menschen

zu heilen.

7. Sie laden Wasser, Nahrung oder bestimmte Objekte mit ihrer Energie auf, um sie dem Patienten zukommen zu lassen.

8. Sie heilen, indem sie unsichtbare Farben und unhörbare Töne um den Patienten herum kreieren.

9. Sie heilen Menschen, indem sie sie mit Düften versehen.

10. Sie übermitteln eine grosse Menge an psychischer Energie durch Inspiration oder direkte Aktion an den Zentren.

11. Sie energetisieren den Lebensfaden, Sutratma.

12. Sie beschützen den Menschen vor Attacken, die oftmals auf die Sutratma und die ätherischen Körper gerichtet sind.

13. Sie reinigen und heilen die Person durch Fusion. Diese Fusion hat drei Ebenen:
    – ätherische Fusion
    – Fusion des Herzens
    – Fusion der Gedanken

    Fusion bringt eine grosse Menge an Energie von den Engeln und Devas in die Persönlichkeitsvehikel und kreiert Reinigung, Harmonie und Energie.

14. Engel helfen uns die Ursachen für unser Leiden zu sehen und sie zu beseitigen, solange es sich um Dinge handelt, die ihre Ursachen in unseren Gedanken, Emotionen und Handlungen haben. Manchmal bringt uns eine Krankheit grösseren Segen.

15. Engel helfen Patienten, indem sie die Aura ihres Arztes aufladen. Viele Ärzte, die voller Hingabe heilen, erfahren diese Aufladung in dem Moment, wo sie dem Patienten näher kommen. Manchmal fusionieren

die Engel ihre Aura mit der des Arztes und laden so seine gesamte Aura mit Heilenergie auf.

16. Engel heilen durch Musik. Sie inspirieren bestimmte Komponisten eine Musik zu kreieren, die zu einem bestimmten Zeitpunkt eine Epedemie verhindert oder eine Katastrophe oder einen Krieg. Durch solche Musik reinigen sie die Feuer des Alls, bringen sie in Balance und schaffen so Sicherheit für die Menschen.

Wir müssen daran denken, dass die Engel auf dieser Stufe unserer Evolution nicht mit uns zusammenarbeiten, um uns physisch unsterblich zu machen. Unsterblichkeit kann nur durch Streben, Anstrengung und Weiterentwicklung erreicht werden. Aber sie versuchen uns dabei zu helfen, unsere Lektionen zu lernen, zu dienen und unsere Verantwortungen wahrzunehmen bis zu dem Zeitpunkt, wo wir unsere Körper verlassen müssen.

Unser Tod ist für die Devas kein Problem. Wir verschwinden nicht aus ihrer Gegenwart, wenn wir unseren Körper verlassen. Die Devas befolgen die Gesetze des Karma, und sie arbeiten in Harmonie für unsere Evolution.

Es heisst, die Grossen haben unter sich hunderte von Engeln durch die sie auf grösseren und unterschiedlicheren Feldern tätig sind.

Die Angst vor dem Tod schockiert sie. Sie können nicht verstehen, warum wir den Tod so fürchten. Unsere Ängste schmerzen sie. Unsere Wut und unsere Irritationen führen bei ihnen zu Abneigung. Jedoch verstehen sie unseren Schmerz und unser Leiden und versuchen uns zu helfen.

Manchmal heilen uns die Engel nicht. Dann wenn Schmerz und Leiden für unsere Transformation wichtig sind, für das Verständnis der tieferen Wahrheiten des Lebens. Aber sie helfen uns, dieses Leiden zu ertragen, wichtige Lektionen zu lernen und durch das Leiden Weisheit zu erlangen. Ihre Inspiration und ihre Gegenwart machen uns mutig und helfen uns, unsere Probleme mit Ruhe, Verständnis und sogar mit Freude anzugehen.

Die Menschen sind manchmal sehr überrascht, dass ihre Besorgnis einfach verschwunden ist, nachdem der Arzt sie besucht hat. Der Respekt gegenüber dem Arzt, und der Glaube an ihn fördert die Fusion der Aura der Engel mit der des Arztes.

Eine der grossen Heilwirkenden ist die Mutter der Welt, die Gesegnete Jungfrau Maria, die durch Jahrhunderte hindurch Heilkräfte in jedes Land, zu jeder Rasse gesandt hat.

Es gibt auch Engel, die Reisende mit Pferd, auf Schiffen, in Autos oder Flugzeugen schützen. Die Menschen sind sich nicht bewusst, dass ihr Flugzeug sicher gelandet ist aufgrund der Hilfe eines Engels, dass ihr Auto einem verhängnisvollen Unfall entgangen ist oder ihr Pferd nicht in den Abgrund stürzte... Es gibt viele Gründe dankbar zu sein für eine Hilfe, die wir nie erkannt haben.

Die Unterstützung der Engel und Devas kann nicht vollständig beschrieben werden, denn sie haben Wege und Mittel, die wir uns nicht einmal vorstellen können; sie arbeiten still und ohne erkannt zu werden. Unsere Dankbarkeit und der Glaube an sie sind die einzigen Faktoren, die ihnen Freude bringen.

Günstige Umstände sind wichtig, damit sie effektiv arbeiten können. Zum Beispiel:

1. Gebet und Verehrung.

2. Inspirierendes Lesen.

3. Zeremonien und Rituale. Diese ziehen sie an, besonders wenn sie mit Feierlichkeit zelebriert werden und mit der Schönheit des Klanges, der Farbe, der rhythmischen Bewegung und reinen Gedanken erfüllt sind.

4. Intensives Streben.

5. Der Duft von Kiefer, Weihrauch, Rose, Fresien. Diese Düfte kreieren eine gute Atmosphäre für ihre Aktivitäten.

6. Meditation und Gruppengesang, Chanting leiten die Hilfe der Devas ein.

7. Glauben.

8. Freude, Genügsamkeit und der Geist der Dankbarkeit.
9. Wasser und Feuer. Das sind gute Leiter für ihre Energie.
10. Bestimmte Steine wie der Diamant, Topas, Lapislazuli und Silber wirken magnetisch in Bezug auf die Energien der Devas.
11. Frische Bergluft, Waldluft, die Luft in der Nähe von Wasserfällen sind für ihre Energien gut leitend.
12. Sauberkeit in unserer Umgebung und Kleidung, lebendige Pflanzen und kleine Kiefern sind eine grosse Hilfe.
13. Entspannung des Geistes, der Gefühle, des Körpers und auch Ruhe sind eine grosse Unterstützung.
14. Ein gewaltloser, sanftmütiger Geist. Dieser zieht die Hilfe der Engel an.
15. Einer der effektivsten Faktoren ist die feste Entscheidung, das eigene Leben transformieren zu wollen. Wenn diese Entscheidung wahrhaft ist, dann zieht es augenblicklich die heilbringenden Engel an, denn sie lieben Reinheit, Schönheit, Aufrichtigkeit, Würde und Rechtschaffenheit. Sein Herz zu verändern in Richtung der Schönheit, Güte, Rechtschaffenheit, Freude und Freiheit lädt die Engel sofort ein.
16. Ein grosser Magnet für die heilende Energie der Engel ist ein reines Bewusstsein oder ein reines Herz, welches nicht von den Erinnerungen an die Fehler, die man gegenüber andern Menschen gemacht hat, erschüttert wird oder von falschen und verletzenden Vorhaben in der Zukunft.
17. Liebe und Mitgefühl sind starke Magneten, die die Hilfe der Engel anziehen.
18. Der Besuch von heiligen Orten, Kathedralen, heiligen Bergen und heiligen Flüssen ist ein sehr effektiver Weg, um mit den Kräften der Engel in Kontakt zu kommen.

19. Der Besuch von Heiligen ist ein anderer Weg, um mit den Kräften der Engel in Kontakt zu kommen.
20. Bestimmte Bücher sind direkt mit dem Netzwerk der Engel verbunden. Indem wir sie lesen und respektieren, vergrössern wir die Möglichkeit, in Kontakt mit den Engeln zu treten. Gesegnete Objekte und Symbole sind auch sehr segensreich. Jede Segnung ist ein Strahl zwischen den Engeln und dem Objekt.

In künftigen Jahrhunderten wird die Existenz der Engel von Millionen Menschen erfahren werden. Tatsächlich lehren einige Engel in den »grossen Zentren des Höheren Studiums«. Ein Teil von ihnen lehrt direkt die Kunst des Heilens mit Hilfe des Klanges, der Farben und der Bewegung.[21]

In der orientalischen Tradition heisst es, dass jeder zwei Engel hat; einer sitzt auf der rechten Schulter und der andere sitzt auf der linken. Einer ist weiss und der andere ist grau. Der Weisse weist den Weg in Richtung spiritueller Glorie, der andere weist den Weg der moralischen und spirituellen Zerstörung. Der Mensch muss zwischen diesen beiden unterscheiden und den richtigen Engel wählen, um dem Weg folgen zu können, der zu geistiger Entfaltung führt. Das sollten die Menschen immer berücksichtigen und dann befolgen. Das Wichtigste ist es, zu wissen, wem oder was man folgt.

Man muss dem weissen Engel Jahre und Leben folgen, bevor er einem die Freiheit gibt, dem Reichtum seines eigenen Innersten Kerns zu folgen.[22]

... Eine saubere Umgebung ist ein sehr magnetisches Feld, dass höher entwickelte Engel und Devas anzieht und ihren Segen und ihre Freude ausstrahlt. Auf diese Weise helfen sie dem Prozess des Heilens und der Transformation.

---

21. *New Dimensions in Healing*, Seite 563-566.
22. *Challenge for Discipleship*, Seite 326.

Der Moment des Bekenntnisses und des Vergebens kreiert eine Atmosphäre, die verschiedene Engel und Dunkle Mächte anzieht. Sie warten gespannt und sehen zu, was geschieht. Wenn der Bekennende sein wahres Selbst in seiner Gesamtheit enthüllt, und seine Motive richtig sind, er vertraut, und seine Fehler zutiefst bedauert, dann freuen sich die Engel. Sie werden ihn inspirieren, mutig zu sein, und Dinge zu offenbaren, die im Bezug zur Unendlichkeit stehen, und die nicht kurzfristige Interessen betreffen. Wenn jedoch der Bekennende mit seiner Motivation die Situation ausnutzen will, um sich persönliche Vorteile zu schaffen, Fakten und wirkliche Ziele verheimlichend, dann werden die Dunklen Mächte sich freuen, und ihn dazu inspirieren, dem Weg der Tücke zu folgen.

Der Moment der Bekenntnis und des Vergebens ist ein heiliger Moment und man kann in solchen Augenblicken spirituell neu geboren werden.[23]

Der Schüler muss regelmässig meditieren. Meditation ist ansammelnd. Durch Meditation kreierst du eine Sphäre magnetischen Lichtes um deinen Kopf herum und an dem Platz, wo du dich zum Meditieren aufhälst. Diese magnetische Sphäre zieht höhere Inspiration an und Devas, die dir spirituelle Impressionen aus höheren Zentren bringen. Die Atmosphäre der Energie im Raum zieht wohltätige Devas an, und sie wird zu einer Quelle der Energie, des Friedens und der Inspiration.

Wenn du nicht regelmässig meditierst, zerstreut sich diese Sphäre des Lichtes um deinen Kopf herum und verschwindet. Beginnst du wieder mit regelmässiger Meditation, musst du sie erst wieder aufbauen. Es kann auch sein, dass Höhere Wesen das Interesse an dir verlieren, weil du instabil bist, und es dir an Ausdauer fehlt.[24]

Wenn das Herz gereinigt ist, werden die Engel dich in den »Feinstofflichen Welten« empfangen und deinen Weg mit Blumen und Musik schmücken.[25]

... Meister Djwhal Khul sagt, dass man Devas nur auf der intuitiven Ebene

---
23. *Ibid.*, Seite 464-465.
24. *Ibid.*, Seite 61.
25. Thought and the Glory of Thinking, Seite 284.

sicher kontaktieren kann. In der heutigen Zeit ist es in Mode gekommen, mit dem Reich der Devas Kontakt aufzunehmen. Das allerdings kann manchmal sehr zerstörerische, psychische Konsequenzen zur Folge haben, denn um einen sicheren Kontakt herzustellen, ist es nötig auf der intuitiven Ebene zu arbeiten, anstatt auf der ätherischen und astralen Ebene.[26]

... Bestimmte Devas haben einen Bezug zu uns. Sie können uns grossartige Inspirationen und Schönheit bringen, wenn wir in der Lage sind, uns mit ihnen zu synchronisieren. Verwirrung, Unordnung oder Störungen in unseren Vehikeln machen sie furchtbar traurig, und es zieht sie weg von uns. Unsere unharmonischen Vibrationen vertreiben sie.

Wenn aber unsere Vehikel Harmonie des Klanges, Harmonie der Farben und rhythmisches Funkeln ausstrahlen, dann zieht es sie zu uns, und sie helfen mit ihrer reinen Inspiration, Energie und Heilkräften.

Die Nahrung einiger Devas besteht aus den Gedanken, Gefühlen und ätherischen Emanationen der Menschen. Wenn wir nicht gesund sind und ihnen keine reine und qualitativ hochwertige Nahrung geben, können wir sie vergiften oder einen heftigen Widerwillen in ihnen kreieren, und uns auf diese Weise von ihrer kreativen Gegenwart ausschliessen.

Es heisst, dass einige Devas von Licht angezogen werden. So kommen sie zu der Lichtquelle, und bringen ihre wohltätigen Einflüsse dem Träger des Lichtes und des Ortes. Sie lieben auch das Ausströmen von Düften, denn ein natürlicher Duft bringt eine Symphonie der Farben hervor, die wenn sie mit Gebeten und noblen Gedanken verbunden wird, eine magnetische Sphäre im Raum herstellt.[27]

... Viele feurige Devas oder Engel ... wirken in enger Zusammenarbeit mit denen, die ihr Leben der Schönheit, der Güte und der Wahrheit gewidmet haben. Durch Ströme von Impressionen und Gedanken lassen sie diesen ihre Hilfe zukommen.[28]

Gewaltlosigkeit und Sanftmut ist ein grosser Schatz. Indem wir unsere Gewaltlosigkeit vergrössern, scheint unsere Aura in den schillerndsten

---

26. *The Psyche and Psychism*, Seite 87.
27. *The Psyche and Psychism*, Seite 725.
28. *Spring of Prosperity*, Seite 22.

Farben. Devas lieben reine Farben, und sie geben dir ihre Inspiration und Energie, weil du reine Farben, und wunderbare Düfte ausstrahlst.[29]

---

29. *Ibid.*, Seite 61.

Über den Autor

Torkom Saraydarian (1917–1997) wurde in Kleinasien geboren. Seit seiner Kindheit wurde er in den Lehren der »Zeitlosen Weisheitslehren« trainiert.

Er besuchte Klöster, antike Tempel und Mysterienschulen um Antworten zu finden auf seine brennenden Fragen über das Mysterium Mensch und Universum. Er lebte mit Sufis, Derwischen, christlichen Mystikern und Meistern der Tempelmusik und des Tanzes. Sein musikalisches Training beinhaltete das Spiel der Violine-, Piano-, Oud-, Cello- und Gitarre. Es waren lange Jahre der Disziplin und des Dienstes nötig, um die Zeitlosen Weisheitslehren von ihren wahren Quellen her zu studieren. Meditation wurde zu einem festen Bestandteil seines Tagesablaufes und Dienst ein natürlicher Ausdruck seiner Seele.

Torkom Saraydarian widmete sein ganzes Leben dem Dienst am Nächsten. Seine Schriften, Vorträge und seine Musik zeigt seine totale Hingabe an die »Höheren Prinzipien«, Werte und Gesetze, die präsent sind in allen Weltreligionen und Philosophien. Diese Arbeiten repräsentieren eine Synthese vom Besten und Schönsten aller Heiligen Kulturen der Welt und bereichern das Fundament auf dem wir unsere Zukunft kreieren.

Torkom Saraydarian schrieb eine große Anzahl von Büchern, viele davon wurden bereits publiziert. Alle seine Bücher werden fortwährend weiter publiziert. Einige davon wurden bereits ins Armenische, Deutsche, Italienische, Spanische, Portugiesische, Griechische, Holländische und Dänische übersetzt.

Er hinterließ der Menschheit einen reichen Nachlaß von Schriften, sowie auch musikalische Kompositionen zur Erbauung für viele noch kommende Jahre.

Für weitere Informationen und Interviews besuchen Sie bitte unsere Website: **www.tsgfoundation.org**, oder rufen Sie uns an für gedruckte Informationsbroschüren.

Andere Bücher von Torkom Saraydarian

- The Ageless Wisdom
- The Aura
- Avatars: Revelations of God
- Battling Dark Forces
- The Bhagavad Gita
- Breakthrough to Higher Psychism
- Buddha Sutra – A Dialog with the Glorious One
- Challenge for Discipleship
- Christ, the Avatar of Sacrificial Love
- A Commentary on Psychic Energy
- Cosmic Shocks
- Cosmos in Man
- The Creative Fire
- The Creative Sound: Sacred Musik, Dance, and Song
- Dialogue with Christ, 2nd Ed.
- Dynamics of the Soul
- Dynamics of Success
- Education as Transformation, Vol. 1
- Education as Transformation, Vol. 2
- The Eyes of Hierarchy
- Flame of Beauty, Culture, Love, Joy
- The Flame of the Heart
- From My Heart – Volume 1 (Poetry)
- Glossary, A Concordance of Torkom Saraydarian`s Works
- Hiawatha and the Great Peace
- The Hidden Glory of the Inner Man
- Initiation: The Path of Living Service
- I Was
- Joy and Healing
- Karma and Reincarnation
- Leadership Vol. I
- Leadership Vol. II
- Leadership Vol. III
- Leadership Vol. IV
- Leadership Vol. V
- Legend of Shamballa
- The Mystery of Self-Image
- The Mystery of Willpower
- New Dimensions in Healing
- Obsession and Possession
- Olympus World Report ...The Year 3000
- One Hundred Names of God
- Other Worlds
- The Psyche and Psychism
- The Psychology of Cooperation and Group Consciousness
- The Purpose of Life
- The Science of Becoming Oneself
- The Science of Meditation
- The Sense of Responsibility in Society
- Sex, Family and the Woman in Society, 2nd Ed.
- The Solar Angel
- The Solar Angel II
- Spiritual Regeneration
- Spring of Prosperity
- The Subconcious Mind and the Chalice
- Symphony of the Zodiac
- Talks on Agni, Vol. 1
- Talks on Agni, Vol. 2
- Talks on Agni, Vol. 3
- Teaching the Ageless Wisdom
- Thought and the Glory of Thinking
- Transformation: Methods for the Transformation of Life
- Triangles of Fire
- Unusual Court
- Woman, Torch of the Future, 2nd Edit.
- The Year 2000 and After

Booklets

- The Art of Visualisation – Simply Presented
- The Chalice in Agni Yoga Literatur
- A Daily Discipline of Worship

- Daily Spiritual Striving
- Discipleship in Action
- Earthquakes and Disasters –
  What the Ageless Wisdom tells us
- Entering the New Millenium
- Fiery Carriage and Drugs
- Hierarchy and the Plan
- How to Find Your Level of Meditation
- Irritation – The Destructive Fire
- Mental Exercises
- Nachiketas: The Ceremony of Immortality
- Practical Spirituality
- Prayers, Mantrams and Invocations
  (Includes Five Great Mantras of the New Age) Questioning Traveler and Karma
- Synthesis

Familienserien:
- Cooperation
- Duties of Grandparents
- Family Relations
- For Men
- For Women
- Ideal Marriage
- Responsibility
- Responsibility of Fathers
- Responsibility of Mothers
- Success
- The Heart of Your Partner
- Women as Torchbearers

Booklets:
Excerpte & Kompilationen
- Angels and Devas
- First Steps Toward Freedom

Booklets kostenfrei im Internet oder auf Wunsch ausgedruckt:
- Cornerstones of Health

- Earrings for Business People
- Inner Blooming
- New Beginnings
- Saint Sergius
- Courage
- Solemnity

Musik:
- A Touch of Heart
- Dance of the Zodiac
- Far Horizons
- Fire Blossom
- Infinity
- Lao Tse
- Light Years Ahead
- Lily in Tibet
- Misty Mountain
- Piano Composition
- Rainbow
- Spirit of My Heart
- Sun Rhytms
- Tears of My Joy
- Toward Freedom
- 1994 Annual Convention Special Edition – Synthesizer Music

Video- und Audio-Vorlesungen
- The Seven Rays Interpreted
- Why Drugs Are Dangerous

Video auf VHS und PAL. Mitschnitte auf Kassette und CD. Eine vollständige Liste der Vorträge auf Video und Kasetten finden Sie online.

Der vollständige gedruckte Katalog ist auf Nachfrage erhältlich und auch online zu finden unter:
www.tsgfoundation.org
info@fsgfoundation.org
Tel.: 001 480 502-1909

Über den Herausgeber

T.S.G. Publishing Foundation, Inc. ist eine gemeinnützige, von der Steuer befreite Organisation.

Gegründet am 30. November 1987 in Los Angeles, California, und umgesiedelt am 1. Januar 1994 nach Cave Creek, Arizona.

Unser Beweggrund ist es einen Pfad der Selbsttransformation zu bilden. Wir haben uns völlig der Herausgabe von Torkom Saraydarians kreativen Schriften und Arbeiten, dem Lehren und dem Vertrieb seiner kreativen Arbeiten gewidmet.

Unser Buchladen in Cave Creek und unser Online Buchladen **www.tsgfoundation.org** offeriert Ihnen die komplette Sammlung der kreativen Arbeiten von Torkom Saraydarian frei zum Verkauf und Vertrieb.

Unsere Zeitung »Outreach« beinhaltet Artikel, die zum Nachdenken provozieren. Sie ist gedruckt, sowie auch auf unserer Website als freie Email Mitteilung erhältlich. Wir leiten wöchentliche Studienklassen, spezielle Trainingsseminare und Studien- und Meditationskurse, die man von zu Hause aus praktizieren kann.

Torkom Saraydarian Book Publishing Fund

Torkom Saraydarian widmete sein ganzes Leben dem Dienst am Nächsten und dessen spirituellem Wachstum. Am Ende seines Lebens waren es bereits 100 Manuskripte, die geschrieben und vorbereitet waren zur Publikation. Diese Arbeit stellt ein nahtloses Gewebe der Weisheit dar. Wir haben uns der Herausgabe der kompletten Sammlung angenommen.

Torkom Saraydarian hatte ein einzigartiges Wissen und die Hingabe in einem einzigen Leben all diese wunderbaren Bücher zu schreiben. Nun ist es an uns die Arbeit zu tun. Zusammen können wir seinen Traum Realität werden lassen und seinen Nachlass Wirklichkeit werden lassen.

Unser Bestehen fundiert auf den Einnahmen der herausgegebenen Bücher. Ein spezieller Fund, »*The Torkom Saraydarian Book Publishing Fund*« wurde etabliert um seinen Nachlass zu vervollständigen. Kontaktieren Sie uns zu genaueren Information über den »*Book Fund*« und der Aktualisierung der verbleibenden Manuskripte.

Als wir begannen dieses Buch zu drucken, hatten wir noch 75 unveröffentlichte Titel! Wir brauchen Ihre Hilfe, um diesen »Schatz des Wissens« herauszubringen.

Sie können zum Fond eines vollständigen Buches beitragen oder einem gewissen Betrag Ihrer Wahl auf kontinuierlicher Basis oder einem einmaligen Beitrag leisten.

Vielen Dank für Ihre, Eure liebende und beständige, fortwährende Unterstützung.

Die Torkom Saraydarian Universität

Torkom Saraydarian träumte von einem Trainingszentrum, oftmals nannte er es »**die Universität**«, wo Männer und Frauen in der Theorie und der Anwendung der Höheren Prinzipien und Werte der »Zeitlosen Weisheitslehren« trainiert werden. Er nannte solch eine höhere Ausbildung »Aquarian Education«. Kontinuierlich ermutigte er seine Studenten Institutionen dieser Art in der Zukunft zu gründen.

> *»Es besteht ein wachsender Bedarf an Führung auf dem Feld esoterischem Wissens. Mehr und mehr Menschen sind desillusioniert mit den Lehren der Opportunisten, desillusioniert durch Menschen, die zwar gute Absichten haben, aber dennoch voller Verblendung und Eitelkeiten*

sind, oder desillusioniert durch Menschen, die die Lehren benutzen als Geschäft, einzig allein um Geld zu machen.

Großer Schaden wird Menschen zugefügt, die sich dem Teaching, den Lehren mit Aufrichtigkeit im Herzen nähern, aber gefangen werden in Gruppen, Institutionen, die als Ausbeutungsfalle funktionieren. Einige dieser Sucher vergessen allmählich ihre Suche und passen sich ihrer Umgebung an. Einige unterdrücken ihre Bemühung und ihr Streben vollständig, weil sie so sehr desillosioniert sind. Nur ein kleiner Prozentsatz, durch Unterscheidungskraft, führen ihre Suche fort, ein sauberes Feld zum Wachsen und Dienen zu finden.

Die Zahl der wahren Sucher vergrößert sich. Wir müssen uns vorbereiten die Bedürfnisse erfüllen zu können, und in der Zwischenzeit nicht in die Falle der Eitelkeiten und Verblendungen geraten, oder die Sucher für unsere eigenen Interessen zu benutzen.«

Aus Torkom Saraydarian, *Leadership I*, Seite 16.

Unser erster Trainingskurs wurde im September 2000 abgehalten. Wir haben Studienklassen online, sowie auch in Form von Korrespondenz. Für weitere Informationen zu unseren Studienkursen und zur Online Registrierung besuchen Sie bitte unsere Website: **www.TorkomSaraydarianUniversity.org** oder schreiben Sie uns.

Bestell-Informationen

Die gesamte kreative Arbeit und die Produkte von T.S.G. sind zum Verkauf erhältlich bei **www. tsgfoundation.org**. Zur zusätzlichen Information:

- kompl. Liste der Lehrkassetten und Videos
  ($ 2 für jede Liste – frei erhältlich auf unserer Website)
- Plazierung auf unserer Mailingliste für kontinuierliche Aktualisierungen.

- Eine freie Kopie unserer Zeitung »*Outreach*«
(letzte Ausgabe, plus archivierter Kopien erhältlich auf unserer Website)
- Schliessen Sie sich unserem Buch-Club an, ohne Gebühr. (Erhalten Sie 20 Prozent Erlaß auf jede Neuerscheinung von Torkom Saraydarian. Jedes Buch wird automatisch an Sie gesandt, sobald es erscheint.) Senden Sie uns Ihre Genehmigung zu, Sie im »Buch-Club« aufnehmen zu dürfen.

Zusätzliche Kopien von »Angels und Devas«
(englisches/amerikanisches Original) U.S. $ 6,00.
Kontaktieren Sie uns wegen der Verschiffungs- und Beförderungsgebühr. Für internationale Bestellungen teilen Sie uns bitte mit, ob Sie Ihre Bestellung per Luftpost oder auf gewöhnlichem Postwege zugesandt haben möchten.

T.S.G. Publishing Foundation, Inc.
P.O. Box 7068
Cave Creek, Arizona 85327-7068
United States of America
Tel.: 001 480 502-1909
Fax: 001 480 502-0713

Bestellungen der deutschen Ausgabe »Engel und Devas«:
- BOB BewusstseinsOrientierteBücher -
GbR Ursula Grossmann, Daniela Mohr,
Susanne Herzer, Thomas Herzer
Rappengasse 21
67365 Schwegenheim
Tel: +49(0)6344-8622
E-Mail: info@bob-shop.online
www.bob-shop.online

Diese wunderbaren Bücher wurden mit Hilfe von grosszügigen Spenden der Studierenden der Zeitlosen Weisheitslehren publiziert. All jenen gilt unsere tiefe Dankbarkeit.